PAUL DÉROULÈDE

DE

L'ÉDUCATION MILITAIRE

Res Gallica

UN FRANC

PARIS

LIBRAIRIE NOUVELLE

15, BOULEVARD DES ITALIENS, 15

1882

DE

L'ÉDUCATION MILITAIRE

CALMANN LÉVY, ÉDITEUR

DU MÊME AUTEUR

(Petit format in-32)

POÉSIE

CHANTS DU SOLDAT, 84e édition . . . . 1 franc.
NOUVEAUX CHANTS DU SOLDAT, 72e édition . . . . 1 —
MARCHES ET SONNERIES, 22e édition . . . . 1 —

THÉATRE

L'HETMAN, drame en cinq actes, en vers, 20e édition . . . . . 2 francs.
LA MOABITE, drame en cinq actes, en vers, 22e édition . . . . 2 —

EN RÉIMPRESSION

(Petit format in-32)

JUAN STRENNER, drame en un acte, en vers, suivi de
POÉSIES DIVERSES, 1867-1870 . . . . 2 francs.

PARIS. — IMPRIMERIE CHAIX, 20, RUE BERGÈRE. — 10898-2.

PAUL DÉROULÈDE

DE

L'ÉDUCATION MILITAIRE

Res Gallica.

PARIS

LIBRAIRIE NOUVELLE

15, BOULEVARD DES ITALIENS, 15

1882

DE L'ÉDUCATION MILITAIRE*

PRÉFACE

Paul-Louis disait : « Laissez faire, laissez dire, laissez-vous pendre, mais publiez votre pensée. La vérité est toute-à-tous. Ce que vous connaissez utile, bon à savoir pour un chacun, vous ne pouvez le taire en conscience. »

En conscience donc je parlerai.

Ce n'est pas que, dans le courage de dire la vérité, il n'y ait une part de témérité, qui est d'affirmer qu'on la connaît, et une dose de présomption qui est de s'imaginer qu'on la fera reconnaître. Mais quoi ! Y a-t-il médaille qui n'ait son revers ? J'estime déjà fort celles qui ont une face. Le tout est de parler net pour être bien compris de qui veut bien entendre. Quant aux pires sourds, n'en ayons cure, le nombre n'en est pas plus respectable que le caractère.

---

* Le retard que nous avons mis à publier cette brochure provient de la tentation que nous avons eue d'en faire un livre ; nous y avions même à moitié cédé, quand un retour de sagesse nous en a guéris. Notre rôle nous semblerait déjà assez utile si nous pouvions réussir à attirer l'attention publique sur cette question. C'est aux Duruy, aux Bréal, aux Lavisse d'en écrire et de la résoudre.

Et maintenant, ami ou ennemi lecteur, mais bon Français, qui que tu sois, lis attentivement ceci, car ceci te regarde ; lis-le patiemment, car tu n'y trouveras rien qui t'attraie et tu y rencontreras peut-être de quoi te déplaire ; dis-toi seulement que mon intention sincère est de t'éclairer, et écoute-moi comme je vais te parler, sans ombre d'arrière-pensée et sans parti-pris d'aucune sorte.

Savais-tu d'abord, qu'il existât de par le monde une commission de l'éducation militaire ? Non, n'est-ce pas ? Eh ! bien, je te l'apprends. J'ajouterai que, présidée aujourd'hui par M. Ferry, elle avait été instituée sous le ministère précédent par M. Paul Bert, à l'heure même où le général Campenon préparait son projet d'une répartition nouvelle et d'une nouvelle réduction du service militaire. Laisse-moi te dire encore pour plus de clarté, que cette commission se compose de trente-quatre membres, hommes de situation et de notoriété très diverses, mais d'un patriotisme et d'un dévouement très pareils. M. Henri Martin en fait partie, ainsi que M. le sénateur Georges, et que MM. Félix Faure, de La Forge, Turquet, et que M. Féry-d'Esclands et que M. Rey, et que M. Velten, et que Detaille, et que les commandants Reiss et du Bodan, et que les capitaines Hardy et Bonnal, et que tant d'autres aussi sincèrement zélés pour le bien public que justement convaincus de l'importance de leur tâche. Oui, importance, et pourquoi non ? L'éducation militaire telle que la comprenait le ministre

d'alors, M. Paul Bert, telle aussi qu'elle aurait été
introduite par lui dans l'instruction publique, n'eût
pas été seulement le complément et comme la com-
pensation de notre future loi sur l'armée, elle eût été
le rétablissement même de la nation.

Il ne s'agissait de rien moins que de transformer la
jeunesse de nos écoles en une légion de braves Français; de les armer dès l'enfance de ce faisceau de
mâles sentiments et d'habitudes viriles qui font le
vrai soldat : c'était d'abord le culte du drapeau —
dont se fût fortifié l'amour de la patrie ; le goût des
armes — qui n'éloigne jamais du goût des livres
que ceux-là qui n'ont pas appris à les pratiquer ensemble; le respect de la discipline — d'où naissent
l'unité dans l'effort et l'égalité devant le devoir; l'or-
gueil du nom Français enfin, avec toute la force qu'il
faut pour le bien porter, tout le courage qu'il faudra
pour ne pas le laisser périr.

Telle était la tâche proposée; un programme court
mais précis expliquait nettement quels devaient en être
les moyens. M. Paul Bert y avait indiqué, en peu de
mots, tous les éléments nécessaires à cette double
éducation dont je parle et qui doit tendre à dévelop-
per tout à la fois les aptitudes et l'esprit militaires.
« Choix de livres et choix de fusils, disait ce programme ; choix d'images et de chants ; tir et maniement d'armes; gymnastique et excursions; discipline
et inspection. » Il y était aussi parlé de revues et de
fêtes, qui auraient été, les unes, une constatation et

une application des progrès faits, les autres, une sorte
de célébration patriotique des jours fériés de la gloire
française.

Sur des bases ainsi posées il n'y avait plus qu'à
construire. Par malheur, l'édifice changea tout à coup
d'architecte; un ministère nouveau déplaça l'ancien,
et M. Jules Ferry se déclara le président naturel de
notre Commission et le continuateur désigné de notre
entreprise :

J'imaginais d'abord que c'était tout de bon.

L'illusion fut courte. M. le ministre présidait à nos
travaux tout juste comme les Parques à la destinée
humaine : ciseaux en main, et pour ce qui était de
continuer notre tâche, m'est avis que la langue lui
aura fourché, et que c'est dénaturer qu'il a voulu
dire, ou rabaisser, ou tout simplement empêcher.
Je m'étais pourtant laissé affirmer que le grand
maître de l'Université était surtout habile à mettre en
œuvre les idées qu'il tient de seconde main. Était-ce
ici la main qui lui déplaisait, ou l'idée, ou lui fâ-
chait-il seulement que ses emprunts, d'ordinaire cachés,
fussent cette fois publics? Toujours est-il qu'il ne lui
fallut pas plus de trois séances pour métamorphoser
la Commission d'éducation militaire en une simple
Commission de gymnastique. La seule différence était
que le fusil y devait tenir lieu d'haltère, et le maniement d'armes de « flexion en arrière, flexion en

avant ! » Quant au côté moral et intellectuel de la
question, M. le ministre n'en faisait non plus cas que
du Grand-Turc. A peine consentait-il à écouter les
rêveurs qui lui disaient qu'il y avait peut-être dans ce
nouveau plan d'éducation publique quelque chose de
plus élevé qu'une méthode d'apprentissage matériel ;
que les aptitudes militaires ne perdraient sans doute
rien à être doublées de l'esprit militaire, sans lequel
elles ne sont guère plus dans l'homme le plus fort
qu'une balle sans poudre dans le plus beau fusil du
monde ; que telle était en outre l'intention très pré-
cisément exprimée par M. Paul Bert... Chansons !
M. Ferry avait son idée, ou tout au moins une idée
qui transparaissait fort clairement dans le sourire
moitié étonné, moitié railleur avec lequel il écoutait
ces objections. Il n'aurait eu que faire d'y répondre,
son sourire avait parlé pour lui, avant lui, mieux que
lui : l'esprit militaire ! L'esprit militaire ! Mais je le
connais cet esprit-là. Il est voisin de l'esprit de sacrifice
et proche parent de l'esprit de fierté. Mauvaise famille
et de fâcheux exemple ! Et c'est à l'heure où nous nous
évertuons à constituer solidement le parti de l'Economie
française et de la Dépendance nationale qu'on nous
demande de créer dans le pays un dangereux courant
de dévouement et d'abnégation patriotiques. Jamais !
Autant nous demander tout de suite nos démissions.

   Oui vraiment, il disait tout cela ce sourire ; et le
langage qui l'a suivi, et la circulaire qui l'a accom-
pagné ne l'ont en rien démenti.

   Toujours et partout M. Ferry a repoussé ce spectre

odieux de l'esprit militaire, se barricadant contre lui, se retranchant obstinément derrière ses trapèzes, son manuel de tir et son maniement d'armes. A Dieu ne plaise que je fasse fi de tant de bonnes choses ! mais, en vérité, le problème n'était pas là. Ce n'était pas pour tel travail que M. Paul Bert avait convoqué les trente-quatre membres de sa commission. Je sais bien que M. le ministre va dire que je suis un ingrat et qu'il a fait, pour ce qu'il croit être l'éducation militaire, ce que personne autre que lui n'aurait jamais fait. De cela je demeure d'accord. M. le Grand Maître n'a-t-il pas en effet promis d'envoyer à tous les cantons de France où les écoliers seront tant soit peu dressés à la gymnastique ou aux armes, une cargaison complète de drapeaux, en même temps que quelques centaines de paires d'haltères ; confondant ainsi naïvement les bannières municipales sous lesquelles on marche pour s'exercer, avec l'étendard sacré de la Patrie, autour duquel on se groupe pour mourir.

Pauvre M. Ferry ! il n'aura manqué à rien de ce qu'il aurait fallu ne pas faire pour donner une véritable éducation militaire au Pays, qui nous eût, en échange, donné une vraie armée et de vrais soldats, lesquels peut-être nous auraient, à leur tour, donné de vraies victoires... Enfin ! il était écrit que M. Jules Ferry ne comprendrait pas, et il n'a pas compris. Le pis est qu'il s'est tout de même mis à la besogne, et qu'il ne s'arrêtera plus si on ne l'arrête,

et qu'à le voir ainsi marteau en main et l'air affairé,
on prendra ses mutilations pour un achèvement. Mon
seul vœu est maintenant qu'on obtienne de lui une
suspension de zèle. Tout pourra être encore bien fait
un jour si rien n'est fait. Mais de pierres mal
taillées et de marbre en miettes, jamais sculpteur n'a
tiré statue. Il y va de la beauté de cette nouvelle
image de la force française, et de la noblesse même
de ses traits, que M. Ferry n'en soit ni le statuaire, ni
le praticien.

Voilà, lecteur, pourquoi je jette ici ce cri d'alarme,
pourquoi je mettrai, tout à l'heure, sous tes yeux, les
diverses propositions inutilement faites à M. le Ministre par Detaille et par moi ; pourquoi enfin, entrés
tous les deux à la commission de l'éducation militaire avec M. Paul Bert, nous nous en sommes préci-
pitamment échappés ensemble, sous la présidence
navrante de M. Ferry.

Que si tu es de ceux que notre venue avec l'un
étonne plus que notre retraite devant l'autre, je te
répondrai qu'en ces temps de crise nationale où nous
vivons, la question n'est pas de savoir qui arme la
France, mais si on l'arme et comment on l'arme.
Eh! oui, sans doute, mieux vaudrait cent fois que les
vertus militaires fussent appuyées de vertus chré-
tiennes ! Mais, est-ce raison, parce que la main droite
aura arraché de saines croyances, pour ne pas aider la
main gauche à en semer d'autres, saines aussi celles-
là et sublimes, puisqu'elles enseignent le dévouement

jusqu'à la mort. Mon intolérance à moi n'est du tout si grande. Les patriotes, le fussent-ils dans le sens le plus révolutionnaire du mot, m'auront toujours pour eux et avec eux; leur impiété même ne m'inquiète pas, — Dieu se prouvera. — Je ne demande à ces athées que d'avoir un culte : celui du drapeau; une religion : l'amour de la France.

M. Ferry, dit-on, vient de protester hautement et longuement qu'il n'est ni un sectaire, ni un fanatique à rebours. Eh! que m'importe? Qui l'en accuse d'ailleurs? Qui songe à donner à tout le mal qu'il a fait l'excuse d'avoir été passionnément commis? Non, M. Ferry n'est pas un sectaire; non, ce n'est pas un fanatique, ce n'est le bourreau de rien ni de personne, comme il le dit lui-même : M. Ferry n'est qu'un pauvre ministre français qui ignore la France, qui méconnaît ses destinées, oublie ses deuils et dilapide dans de folles campagnes le trésor sacré de la Guerre Sainte!

Il se peut que M. Paul Bert ne croie pas en Dieu : M. Ferry lui, a l'athéisme de la Patrie.

PROPOSITIONS

FAITES

A LA COMMISSION DE L'ÉDUCATION MILITAIRE

SOUS LA PRÉSIDENCE DE M. FERRY

MONSIEUR LE MINISTRE, MESSIEURS,

Il y a dans la tâche de la commission d'éducation militaire une question supérieure de défense nationale et de combat pour la vie que vous voudrez bien me permettre d'envisager rapidement avec vous avant d'entrer dans l'examen particulier des questions spéciales qui nous sont soumises.

Malgré un patriotisme réel, la France, engourdie de bien-être, est en danger de voir disparaître, une à une, les plus vaillantes qualités de sa race. Elle perd, chaque jour davantage, la vigueur effective des grands sentiments dont elle a conservé l'instinct.

Et que cette torpeur morale et physique progresse ou continue quelques années encore, tous les sacrifices acceptés, tous les efforts accomplis n'auront abouti qu'à faire de nous une nation formidablement armée à qui il ne manquera plus rien que les aptitudes et que l'esprit militaires.

Cependant de l'autre côté du Rhin, les gymnases et les écoles retentissent encore de chants de guerre; d'habiles leçons d'histoire allemande s'y mêlent encore à d'ardentes poésies patriotiques, tandis que du fond de leurs cabinets, de savants géographes ont déjà dressé de nouvelles cartes où sont inscrites en lettres gothiques et sous des noms allemands toutes les chères cités de notre Bourgogne et de notre Franche-Comté. Voilà ce qu'il faut savoir : je ne parle pas de ce dont il faut se souvenir.

*
* *

La progression adoptée par la troisième sous-commission[1] pour l'ordre de ses travaux, est la suivante :

1° Choix et catalogue de livres militaires et patriotiques ; projet de livre ;

1. La troisième sous-commission qui a collaboré à la rédaction du catalogue de livres et du catalogue de chants se composait de cinq membres. C'étaient, outre Detaille et moi, MM. Bourgault-Ducoudray, professeur au Conservatoire de musique, Jost, inspecteur primaire; Salicis, répétiteur à l'École polytechnique.

2° Choix et catalogue de chants ; projet de recueil
à publier ;

3° Images et gravures ;

4° Inscriptions ;

5° Fêtes et revues.

§ 1. — LIVRES.

Considérant l'importance qu'avait le choix des
livres dans le travail qui nous avait été assigné, notre
premier soin a été d'examiner et de classer en catalogue les ouvrages de tout genre nous paraissant le
mieux convenir à l'éducation militaire.

Comme il est certain qu'il n'est de plus sûr moyen
de faire arriver nos idées jusqu'aux élèves que de
nous adresser tout d'abord aux maîtres, nous avons
plutôt dressé notre catalogue en vue des écoles normales que des Lycées ou des Écoles primaires. On y
trouvera pourtant plusieurs livres élémentaires et
beaucoup de livres de « lectures pour tous. »

Vous verrez, Messieurs, par les noms et par les
titres, que notre constante préoccupation a été de
choisir, sans parti pris, les œuvres qui nous ont paru
les plus propres à faire naître ou à entretenir l'amour
passionné de la patrie, le respect de toutes ses gloires,
la conscience de tous ses bienfaits, et aussi, l'utile et
inoubliable rancune de nos défaites et de notre amoin-
drissement.

En même temps que nous classions les livres déjà publiés, nous nous préoccupions des moyens de combler ce que nous considérons comme une lacune dans notre éducation nationale.

Il n'existe, en effet, aucun recueil scolaire destiné à exciter le patriotisme et la bravoure, à faire connaître et à faire aimer l'armée, à mettre sous les yeux des enfants toutes les conséquences des victoires et des défaites, à grouper brièvement pour eux l'histoire de nos différents envahissements et de nos délivrances successives, à leur en expliquer les causes, à leur vanter les noms de tous les grands et aussi de tous les bons Français, à leur donner enfin de toutes façons et par tous les moyens un amour profond et raisonné de leur nation et de leur sol.

Nous proposerions donc d'ouvrir un concours à la suite duquel un prix d'une valeur assez élevée serait donné à l'auteur du meilleur recueil fait dans le sens que nous venons d'indiquer. A notre avis, ce recueil devrait être presque entièrement composé d'extraits d'ouvrages déjà parus.

Il faudrait aussi le diviser en deux parties. La première, de beaucoup la plus importante, aurait pour sujet la France militaire, ses anecdoctes et ses récits ; la seconde, plus courte, ne serait, elle, que la traduction d'extraits de livres, de poésies, et de chants patriotiques étrangers.

Cette seconde partie aurait pour but de faire connaître à la France, qui semble les ignorer ou ne s'en plus souvenir, les sentiments dont sont faits certains patriotismes voisins.

Nous serions en outre d'avis qu'il fût publié pour les écoles de chaque département ou tout au moins de chaque province, de petits livres spéciaux contenant l'histoire particulière de la province ou du département, histoire particulière toujours rattachée à l'histoire générale de la France, et faisant toujours ressortir les raisons qu'ont toutes ces petites patries d'aimer là grande.

§ 2. — CHANTS.

Notre premier catalogue de chants est comme notre premier catalogue de livres, très incomplet et très imparfait encore. Ces chants étant surtout destinés aux écoles primaires, nous avons choisi ceux dont les mélodies sont les plus simples et le mieux rythmées.

Bien que nous ayons déjà pu réunir un certain nombre de morceaux convenant assez bien tous au but militaire et patriotique de la commission, nous attirerons l'attention de M. le Ministre sur la nécessité qu'il y aurait à encourager de toutes façons la production d'une musique populaire, et l'organisation de Sociétés chorales. Le patriotisme trouverait encore là un très bon instrument de propagande et d'entraînement.

Nous avons aussi pensé qu'un recueil spécial contenant dix chants au moins et vingt au plus, devrait être rendu obligatoire pour toutes les écoles.

Ces chants seraient désignés parmi les meilleurs de nos chants patriotiques et populaires. Notre chant national y serait compris et devrait être toujours soigneusement enseigné.

On créerait par là une sorte de ralliement musical qui suivrait nos petits Français, de l'école à la caserne, et de la caserne jusque sur les champs de bataille.

Un des membres de la troisième sous-commission émet également le vœu que l'enseignement de la musique vocale soit plus sérieusement et plus activement donné dans les collèges et dans les lycées, et que le chant soit toujours l'accompagnement nécessaire des excursions scolaires et des exercices gymnastiques.

§ 3. — IMAGES ET GRAVURES.

Tout serait à créer ou à renouveler dans l'imagerie patriotique. Malgré nos recherches et nos demandes, nous n'avons rien trouvé ni dans les envois faits, ni dans les recueils consultés, qui nous ait paru digne d'être signalé à votre attention.

Le seul moyen d'arriver à un résultat sur ce point serait des commandes directement faites et sérieusement surveillées par le ministère de l'Instruction publique. Il faudrait même que ce fût lui qui désignât les sujets et rédigeât ou controlât du moins les légendes.

L'imagerie à un sou, si grossièrement exécutée qu'elle soit, devrait elle aussi, et même elle surtout, être employée à concourir à notre tâche.

Nous demanderions encore que, pour la décoration des écoles, ou pour de grands recueils uniquement confiés aux maîtres, de grandes reproductions photographiques ou photochromiques fussent faites d'après les tableaux historiques de nos Musées.

§ 4. — INSCRIPTIONS.

Les inscriptions que nous proposerions de faire peindre ou graver sur les frontons ou sur les murs des maisons d'école seraient de deux sortes :

Les premières rappelleraient soit quelque épisode glorieux pour le département ou pour la province, soit le nom d'un homme célèbre du pays; on inscrirait dans les secondes les noms des anciens écoliers ou des anciens maîtres morts pour la Patrie.

Ces dernières inscriptions devraient être également faites dans les lycées et dans les écoles normales.

A côté de ces hauts exemples et de ces grands souvenirs, nous croyons qu'il serait bon de placer dans chaque école une sorte de tableau d'honneur militaire sur lequel seraient annuellement mentionnés les noms de ceux des élèves qui seraient devenus officiers de l'armée active, ou qui auraient été décorés de la Légion d'honneur ou de la médaille militaire.

§ 5. — FÊTES ET REVUES.

Le temps nous a encore manqué pour nous occuper de l'organisation des fêtes patriotiques et militaires de l'École. Nous pensons seulement que ces fêtes doivent être, les unes, départementales, les autres, générales.

Les fêtes départementales auraient lieu à la date de l'anniversaire de l'homme illustre ou de l'événement glorieux que le département aurait résolu de célébrer.

Pour les fêtes générales, dont l'une aura évidemment lieu le jour de la fête nationale, nous nous sommes provisoirement arrêtés aux deux autres dates suivantes :

Le 29 avril, jour anniversaire de la délivrance d'Orléans par Jeanne d'Arc; le 20 septembre, date de la défaite des Prussiens à Valmy.

La jeunesse de nos écoles fêterait ainsi, tour à tour, dans ces deux fêtes, la première grande patriote de la France et la première victoire des armées républicaines.

*
* *

Il nous reste maintenant, Messieurs, à formuler nos propositions encore incomplètes et à vous les soumettre.

Nos propositions sont celles-ci :

1° Examen et adoption de nos catalogues de livres et de chants ;

2° Publication de ces catalogues dans le *Bulletin officiel de l'Instruction publique* ; envois de livres aux bibliothèques scolaires et pédagogiques ;

3° Insertion à l'*Officiel* d'une note indiquant le programme du *livre* demandé, du *recueil* de chants à faire ;

4° Commande d'images et de gravures ;

5° Enquête ordonnée auprès de MM. les Inspecteurs d'académie au sujet des noms ou des événements à inscrire dans les Écoles ; et pour le choix du jour de fêtes départementales ;

6° Adoption des jours de fêtes générales.

Tels sont, Monsieur le Ministre, le résumé de nos premiers travaux et l'exposé de nos vœux. Notre tâche, vous le voyez, est loin d'être terminée, mais nous sommes prêts à rester à l'œuvre si vous le trouvez bon et si vous

2

jugez nécessaire, comme nous, de faire pénétrer dès l'enfance au fond des cœurs français l'idée des sacrifices et des devoirs que nous impose à tous cette double émancipation : la liberté individuelle dans la Patrie, l'indépendance nationale devant l'étranger.

CONCLUSION

La publication de nos propositions n'est pas pour protester contre leur rejet plus ou moins complet. Nous n'avons pas refusé de les laisser entre les mains de M. Ferry parce que M. Ferry les modifiait dans leurs détails, mais parce qu'il les a tout à coup niées dans leur principe.

Je n'ai pas quitté la commission parce que M. Ferry se serait opposé à l'impression officielle de mon rapport; je ne la lui ai jamais demandée. Ma démission, le retrait de mon rapport et sa publication sous cette forme n'ont qu'une seule et même cause: la certitude que j'ai acquise de la mauvaise volonté de M. Ferry; et de l'impossibilité où il est d'en avoir une meilleure.

Sans cette certitude, deux fois fâcheuse, ce n'est pas moi qui aurais jamais renoncé de gaîté de cœur au seul moyen pratique de faire appliquer quelqu'une de nos idées. Mais le doute ne m'a pas été permis. Pourquoi, quand et comme? Je vais le dire, car, en bonne justice, les griefs doivent toujours expliquer les reproches.

Je ne prendrai pas comme argument les procédés de notre président avec telle ou telle sous-commission spécialement désignée pour choisir les armes et à qui il a spécialement dénié ce droit.

Je ne donnerai même pas comme menues preuves l'entassement d'objections contradictoires, et de raisonnements erronés auxquels il s'est livré pendant tout le cours de notre discussion. Les détails en seraient instructifs pourtant, et curieux, mais trop nombreux et voudraient à eux seuls une seconde préface.

La mauvaise volonté dont je l'accuse, M. Ferry l'a d'abord manifestée clairement et longuement dans une circulaire qui se termine par la prodigalité de drapeaux dont j'ai parlé.

Cette circulaire avait paru huit jours après la lecture des rapports de trois sous-commissions, dont la nôtre; M. le ministre savait donc déjà qu'il y a éducation militaire et éducation militaire, comme il y a fagot et fagot, et quand, d'un bout à l'autre de ses quatre colonnes, il n'est question que d'exercices, ce n'est pas un oubli de l'éducation morale, ni une ignorance, c'est un refus.

Or, ce refus, M. Ferry avait le droit de le faire dès le début, en n'acceptant pas le programme de son prédécesseur, en dissolvant notre commission, en en formant une autre à son usage et à son image, mais il avait accepté ce programme, mais il avait présidé notre commission, et, pour en modifier si complètement l'idée et la portée, il aurait dû au moins mettre aux voix cette modification. M. Ferry ne l'a pas fait.

Et ce que M. Ferry n'a pas fait pour ce cas général, il ne l'a non plus fait pour aucun cas particulier. C'est mon second reproche.

Il est de règle, en effet, dans toute commission ministérielle, que les sous-commissions étudient séparément les questions confiées à chacune d'elles ; que ces études terminées, les propositions qui en résultent soient soumises à la délibération et au vote de la commission plénière, sur lequel vote alors, M. le Ministre président a définitivement à statuer.

Je n'avais pas besoin que divers membres du Parlement, qui font partie de la Commission, m'eussent affirmé que les choses devaient régulièrement se passer ainsi pour avoir compris à quel point il était dérisoire qu'elles se fussent passées autrement.

Or, ce vote, M. Ferry s'y est soustrait pendant trois séances, non seulement en ne le provoquant pas de lui-même, comme c'était son rôle, mais encore en le refusant quand il lui était expressément demandé, ce qui dépasse de beaucoup son droit.

Ce n'est pourtant ni ce procédé très irrégulier, ni sa circulaire si étonnamment tricolore qui m'ont fait comprendre l'inutilité de débattre avec M. Ferry aucun des points de l'éducation militaire.

Mon vrai grief, celui qui m'a poussé aux résolutions que j'ai prises, est une simple appréciation ou dépréciation faite par lui.

Si on eût laissé M. le Ministre ignorer l'importance

de cette éducation morale dont il fait fi, militairement
parlant ; si on ne lui eût pas affirmé qu'il est plus
facile et moins long de dresser des conscrits au tir
et au maniement d'armes, que de leur inspirer
ces idées de dévouement, de bravoure et de discipline que l'armée aura sans doute encore le
temps d'utiliser, mais qu'elle ne pourra certes pas
créer en trois ans ; si tel officier supérieur, que je
pourrais citer, ne lui avait pas déclaré de lui-même
qu'il y avait péril national à laisser s'éteindre l'esprit
militaire et s'il ne lui avait été démontré enfin par
tous et par tout qu'il n'y a soldats, petits ni
grands, sans cet esprit, M. Ferry n'aurait commis
qu'une erreur quand il nous a répondu par trois
fois, sous diverses formes mais toujours dans le même
sens : que nous étions là, non pour tâcher de donner
de l'esprit militaire au pays, mais pour tenter de faire
de petits soldats par le fusil et par la gymnastique !

Or, je dis que M. Ferry manque sciemment et volontairement à son rôle d'éducateur national, que, sciemment et volontairement, il fausse, dans son principe
essentiel, une institution de salut public.

M. le Ministre se défendra mal de cette accusation
et on l'en a déjà mal défendu en disant qu'entre ceux
qui croient comme nous et ceux qui pensent comme lui
il n'y a qu'une différence de moyens. De deux forge-
rons dont l'un prétendrait qu'il suffit de marteler le fer
à froid pour faire une arme et dont l'autre commen-
cerait par allumer ses fourneaux, est-ce le premier qui

pourrait sérieusement dire à l'autre: « Nous différons
dans le choix des moyens, mais notre but est le même? »

Une épée ne se forge pas sans feu ; une armée
n'existe pas sans esprit militaire.

Dès que la différence des moyens fait si complètement contraster les résultats, il n'est pas loyalement
permis de parler de but pareil, ni de tâche commune.

C'est chose surprenante, n'est-ce pas, que M. le
Ministre se soit toujours refusé à comprendre ce que
nous venons de dire, chose plus surprenante encore qu'il
se soit tout à coup décidé à répondre ce qu'il a répondu?
L'explication en est qu'il écoutait en lui une autre voix
qui parlait plus haut que la mienne, une prévention
qui criait plus fort que ma conviction.

Et cette prévention, si M. Ferry l'a plus violente
que pas un, il n'est malheureusement pas le seul à
l'avoir.

Ce que je vais dire là, beaucoup de jeunes républicains le pensent et le savent, qui s'en taisent, par
crainte d'affliger les anciens. Scrupule longtemps légi-
time, mais qui deviendrait dangereux alors que ces
mêmes anciens ont entre les mains les destinées de
la France et sont en passe de la conduire et de la ré-
duire doucement à un état de langueur prospère
dont elle ne s'éveillerait quelque matin que prise à
la gorge, le front meurtri et à demi morte.

La vérité est que la République est partagée en
deux classes, je ne veux pas écrire en deux camps. De
mauvais Français? je n'en vois ni là, ni là. Mais,

d'un côté, sont les patriotes, — je redis le mot qui
dit la chose; — de l'autre, ceux qui ont bien compris
qu'il faudrait être patriote, qui voudraient bien l'être,
qui font tout ce qu'ils peuvent pour cela, mais qui ne
le peuvent pas, qui ne le peuvent plus et qui ne le
pourront jamais. Et les exceptions qui protesteront et
pour qui je proteste moi-même ici, n'empêcheront pas
la règle d'exister. C'est une impuissance au patriotisme
et une tiédeur de sympathie pour l'armée tout à fait
incurables chez la plupart des républicains qui frisent
aujourd'hui la soixantaine; je ne parle pas de ceux
qui l'ont coiffée. Affaire d'âge plus que de tempé-
rament? Oui bien. Autrement nés, ou nés dans des
temps autres, ils auraient autrement grandi, autrement
pensé. L'esprit de parti aurait eu moins longtemps à
combattre l'esprit de patrie. Tout cela est vrai.

Mais le fait est là!

On n'a pas impunément vécu pendant vingt ans en
ne regardant dans nos drapeaux que les aigles qu'on
voulait en arracher; dans nos victoires que les victoires de l'Empire : dans nos soldats que les armées
de l'Empire : la France a trop longtemps disparu pour
eux et, quand ils la cherchent, ils ne la retrouvent plus.

CATALOGUE

Nous ne donnons ce *premier catalogue* ni comme complet, — sa désignation même l'indique ni comme définitif, — l'examen dernier qui devait en être fait par la commission plénière n'ayant pas été permis par M. Ferry.

Quand nous en demandions l'insertion au *Bulletin officiel de l'instruction publique*, après adoption définitive, nous avions pour cela deux raisons, la première, c'était de constituer immédiatement une sorte d'arsenal de livres où maîtres et élèves auraient pu venir chercher d'eux-mêmes des enseignements de patriotisme militaire, car c'est le mot, et non pas militarisme ou caporalisme, comme on dit maintenant. Notre seconde raison, c'était que cette publicité donnée à la formation d'une bibliothèque militaire et patriotique aurait attiré l'attention des éditeurs et aussi celle des écrivains; que tous les livres analogues existants nous auraient été signalés; que de nouveaux et de meilleurs peut-être auraient été produits.

Cette insertion nous avait été assurée par M. Paul Bert, elle nous a été refusée par M. Ferry.

DES LIVRES EXAMINÉS ET CHOISIS

PAR LA TROISIÈME SOUS-COMMISSION DE L'ÉDUCATION MILITAIRE

E désigne les livres convenant aux { Écoles normales, aux Classes supérieures des Lycées et Collèges }   e désigne les livres convenant aux { Écoles primaires, aux classes élémentaires des Lycées. }   P désigne les livres convenant aux { Distributions de prix. }

Destination	AUTEURS	TITRE DE L'OUVRAGE	FORMAT	ÉDITEURS	PRIX	PROPOSÉ par la 3e S-COMMISSION
P E e	About.........	L'Alsace.........	In-18	Hachette	3 50	à l'unanimité
E	Autran......	La Flûte et le Tambour (poésies)	In-8	Calmann Lévy...	3 50	»
E	Colonel d'Andlau.	Metz, campagne et négociation	In-8	Calmann Lévy...	3 50	»
E	Duc d'Aumale...	Zouaves et Chasseurs à pied...	In-18	Dumaine	7 50	»
E	Id.	Institutions militaires de la France.	In-18	Id	4 »	à la majorité
e	D'Aubigné......	Vie de Kléber (illustré)......	Id.	Id	1 »	à l'unanimité
e	Id.	Histoire de Bayard (illustré)..	Id.	Hachette.........	1 25	»
e	Adam......	Lectures militaires........	In-16	Id.........	1 25	»
e	Armagnac......	Quinze jours de campagne....	Id.	Id.........	1 25	»
E	Achard......	Récits d'un Soldat..........	Id.	Id.........	1 25	»
P E	De Bornier......	La Fille de Roland........	In-18	Calmann Lévy...	3 50	»
E	Bergounioux.....	Vie de Hoche (épuisé).....	In-8	Dentu.........	3 50	»
E	Colonel Bonnie ..	Cavalerie française en 1870..	In-16			»
E	Bergerat......	Poèmes de la Guerre (poésie).	In 48	Amyot......	3 50	»
E	De Banville.....	Idylles prussiennes (poésie)...	In-16	Lemerre	3 50	»

Destination	AUTEURS	TITRE DE L'OUVRAGE	FORMAT	ÉDITEURS	PRIX	PROPOSÉ par la 3e S-COMMISSION
E	Michel Bréal.....	Excursions pédagogiques.....	In-18	Hachette.......	3 50	à l'unanimité
E e	De Bonnéchose...	Montcalm et le Canada (illustré)	Id.	Id.........	1 25	»
E e	Id.	Lazare Hoche (illustré).....	Id.	Id.........	1 25	»
E e	Id.	Bertrand Duguesclin (illustré).	Id.	Id.........	1 25	»
E e	Marc Bonnefoy...	La France héroïque........	Id.	Sandoz et Fischbacher...	3 50	»
E	De Blocqueville..	Maréchal Davoust, 2 vol.....	In-8	Didier	15 »	»
	De Brack......	Avant-poste de cavalerie légère.		Dumaine		
E	Mal Berwick......	Mémoires........	In-18	Hachette.......	2 »	»
E	Paul Bert......	Instruction civique..........	In-16	Picard Bernheim	1 25	à la majorité
e	Mal Bugeaud.....	Maximes........	In 32	Lenepveu.....	» 50	à l'unanimité
e	Badin........	Jean Bart........	In-18	Hachette.....	1 25	»
e	Id.	Duguay-Trouin........	Id.	Id.........	1 25	»
E	De Bazancourt...	Cinq mois au camp devant Sébastopol	Id.	Amyot..........	3 50	»
e	Général Chanzy..	Deuxième Armée de la Loire.	In-18	Plon..........	3 50	»
E	De Calonne......	Hier et Demain (poésie)......	In-18	Laplace et Sanchez	2 »	»
E	De Castellane....	Souvenirs de la Vie militaire en Afrique.	In-18	Calmann Lévy...	3 50	»
E	F. Coppée........	Fais ce que dois. Les Bijoux.	Id.	Lemerre........	1 »	»
E	Id.	Lettre d'un Mobile........	Id.	Id.........	» 50	»
E e	Charavay........	Héroïsme militaire........	Id.	Charavay frères..	2 »	»
e	Id.	Héroïsme civil........	Id.	Id.........	2 »	»
E e	Chevalet........	Histoire politique et militaire de la Prusse.............	In-16	Dumaine......	4 »	»
E	Colonel Combe...	Mémoires........	In-18	Blot......	4 »	»
E e	Jules Claretie...	Histoire de la Révolution 1870-71 (illustré)........	In-4	Au bureau de l'Eclipse, 46, rue du Croissant.	10 »	»
P E e	Id.	Le Drapeau (illustré)........	Id.	Decaux........	15 »	»
E e	Id.	Cinq Ans après........	In-18	Dentu.	3 50	»
E	Id.	La Guerre nationale 1870-71..	In-18	Lemerre	3 50	»
e	A. Debidour.....	Histoire de Duguesclin (illustré)	In-16	Hachette........	1 25	»

Destination	AUTEURS	TITRE DE L'OUVRAGE	FORMAT	ÉDITEURS	PRIX	PROPOSÉ par la 3e s-COMMISSION
E	Duquet	Guerre d'Italie	In-18	Charpentier	3 50	à l'unanimité
E e	G. Duruy	Pour la France		Hachette	4 25	»
E	Colonel Desprels	Leçons de la Guerre	In-8	A. Ghio	7 50	»
E e	A. Delpit	Invasion (Poésie)	In-18	Dentu	2 50	»
E	Id.	Les Dieux qu'on brise (poésie)	Id.	Paul Ollendorff	2 50	»
	Desprez	Kléber et Marceau	Id.	Baudoin	3 50	»
E e	Paul Déroulède	Chants du Soldat	In-32	Calmann Lévy	1 »	»
E e	Id.	Nouveaux Chants du Soldat	Id.	Id.	1 »	»
E e	Id.	Marches et Sonneries	Id.	Id.	1 »	»
E e	V. Duruy	Introduct. à l'Histoire de France	In-16	Hachette	3 50	»
E	Octave Ducros	Chant du Droit et de l'Épée	In-32	Haton	1 »	»
E P e	G. Ducoudray	Cent Récits d'Histoire contemporaine (illustrés)	In-4	Hachette	4 »	»
E P c	Id.	Cent Récits d'Hist. de France (ill)	In-4	Id.	4 »	»
E	Charles Dillaye	Epopées prussiennes	In-18	Lemerre	3 50	»
E	Baron Ernouf	Souvenirs d'un Officier polonais	Id.	Charpentier	3 50	»
E e	Erckmann-Chatr.	Madame Thérèse	Id.	Hetzel	3 »	»
E e	Id.	Le Fou Yégof ou l'Invasion	Id.	Id.	3 »	»
E	Camille Farcy	Le Rhin français	Id.	Quantin	7 »	»
E	Colonel Fay	Journal d'un officier de l'armée du Rhin	In-8	Dumaine	3 50	»
P E	Raoul Frary	Le Péril national	In-18	Didier	7 50	»
E	Général Faidherbe	Campagne du Nord	In-8	Plon	7 50	»
E e	De Fézensac	Souvenirs militaires	Id.	Dumaine	3 50	»
E	Frédéric II	Œuvres historiques, 3 vol.	Id.	Hachette	10 »	»
E	De Freycinet	Guerre en Province	In-18	Calmann Lévy	3 50	»
E	Général Von Goltz	Gambetta et ses Armées	Id.	Sandoz et Fischbacher	3 50	à la majorité
E e	Goepp et Ducoudray	Patriotisme en France	Id.	Hachette	25 »	à l'unanimité
E	Colonel de Gonneville	Souvenirs militaires	Id.	Didier	3 50	»
P E	Goetschy	Les jeunes Peintres militaires (illustré)	In-4	Armand Baschet	25 »	

Destination	AUTEURS	TITRE DE L'OUVRAGE	FORMAT	ÉDITEURS	PRIX	PROPOSÉ par la 3e s-COMMISSION
E	Théophile Gautier	Tableaux de Siège	In-18	Charpentier	3 50	à l'unanimité
E	Amiral Jurien de La Gravière	Guerres Maritimes	Id.	Id.	3 50	à la majorité
E	Victor Hugo	L'Année Terrible	In-18	Hachette	4 25	à l'unanimité
E e	Henty	Les Jeunes Francs-Tireurs (ill.)	In-16	Id.	»	»
E	Comte d'Haussonville	Histoire de la réunion de la Lorraine à la France, 4 v.	In-18	Calmann Lévy	14 »	»
	L. Halévy	L'Invasion	Id.	Id.	3 50	»
	Jost et Braunig	Lectures pratiques, instruction civique et militaire	In-16	Hachette	4 25	»
E e		Etude par Sainte-Beuve	In-18	Calmann Lévy	4 »	»
E	Jomini	Lectures patriotiques sur l'Histoire de France	In-16	Id.	3 50	»
E e	Lefrançais	Chanson de Roland	In-18	Hachette	3 50	»
E e	Lehugeur	Histoire de l'Armée Française	In-16	Id.	4 »	»
E e	Id.	Histoire de la Guerre 1870-71	Id.	Id.	2 25	»
E	Amédée Le Faure	Bayard	In-8	Lyon	3 »	»
E	Le Loyal Serviteur	Pendant la Guerre	In-16	Hachette	5 »	»
E	De Laprade	Le Patriotisme			»	»
E	Lacombe	Les Borusses (thèse)	In-18	Hetzel	3 »	»
E e	Lavisse	Lecture en action	In-32	Sandoz et Fischbacher	4 »	»
E e	Legouvé	Chants du Pays		Hachette	2 25	»
E P c	Paul et Ch. Leser.	Les Armes et les Armures (ill.)	In-18	Furne	3 »	»
E e	P. Lacombe	Jeanne d'Arc	In-18	Quantin	5 »	»
E	Henri Martin	Maréchal Davout	In-8	Furne	127 50	»
E	Emile Montégut	Histoire de France, 17 vol.	In-18	Marpon et Flammarion	66 50	»
P. d'hon.E	Henri Martin	Histoire de France, 19 vol.	Id.	Hachette	3 50	»
P. d'hon.E	Michelet	Histoire de la Révolution, 9 vol.	Id.	Id.	1 »	»
E	Id.	Jeanne d'Arc	Id.	Id.	3 50	à la majorité
E	Id.	Soldats de la Révolution	Id.	Calmann Lévy	1 »	à l'unanimité
E e	Id.	Les grands Jours de la Révolution	Id.	Hetzel		

Destination	AUTEURS	TITRE DE L'OUVRAGE	FORMAT	ÉDITEURS	PRIX	PROPOSÉ par la 3e-COMMISSION
E e	Mézières	Récits de l'Invasion	In-18	Didier	3 50	à l'unanimité
E	Mignet	Etudes; Histoires; Germanie, 2 vol.	Id.	Didier	7 »	»
E e	Paul de Molènes	Commentaires d'un Soldat	Id.	Calmann Lévy	3 50	»
	Moulin	Les Marins de la République	In-32	Charavay	» 80	»
E e	Eugène Manuel	Pendant la Guerre (Poésie)	In-18	Calmann Lévy	3 50	»
E	E. Neukomm	Prussiens devant Paris	Id.	Société des Gens de Lettres	3 50	»
E	Napoléon	Campagnes Italie, Egypte, Syrie	In-46	Hachette	2 »	»
E	Id	Maximes de Guerre	In-32	Dumaine	1 »	»
E	Duc d'Orléans	Camp. de l'Armée d'Afrique	In-8	Calmann Lévy	7 50	»
E	Général Pajol	Kléber	Id.	Didot	10 »	»
P E	Quatrelles	A coups de Fusil, ill. de Neuville	In-4	Charpentier	15 »	»
E	Edgar Quinet	Histoire de la Campagne de 1815	In-18	Germer Baillière	3 50	»
E	A. Rambaud	Français sur le Rhin	In-18	Didier	3 50	»
E	Id	L'Allemagne sous Napoléon Ier	In-8	Didier	4 »	»
E	Id	Français et Russes	In-18	Hachette	4 »	»
E	Rothan	Affaires du Luxembourg, préliminaire de la guerre 1870	In-8	Calmann Lévy	7 50	»
E	Henri Regnault	Correspondances	In-18	Charpentier	3 50	»
E	Ernest Renan	Lettre à Monsieur Mommsen	br. in-8	Calmann Lévy	» 50	»
E	La Roncière Le Noury	Marine au siège de Paris	In-8	Plon	7 50	»
E	Rousselot de Saint-Albin	Vie de Hoche	épuisée			
P E	Colonel Stoffel	Rapports militaires écrits de Berlin de 1866-70	Id.	Granier	7 50	»
P E	De Ségur	Campagne de Russie, 2 vol	In-8	Firmin Didot	7 50	»
P E	Paul de St-Victor	Barbares et Bandits	In-18	Calmann Lévy	3 50	»
E	Albert Sorel	Histoire diplom. de la guerre Franco-Allemande, 2 vol	In-8	Plon	7 50	»
E	Général Suzanne	Histoire de l'Infanterie française, 3 volumes	In-18	Dumaine	3 50	»
E	Id	Cavalerie, 2 volumes	Id.	Hetzel	7 »	»

Destination	AUTEURS	TITRE DE L'OUVRAGE	FORMAT	ÉDITEURS	PRIX	PROPOSÉ par la 3e-COMMISSION
		Artillerie pendant le Siège (Ep.)	In 18	Dentu	1 »	à la majorité
E	Salicis	Qui est responsable de la Guerre, br.	In-8	Id.	» 50	à l'unanimité
E	Scrutator (Gladstone)	Révolution Française, 10 vol.	Id.	Furne	80 »	»
P. d'honn.	Thiers	Waterloo	Id.	Id.	7 50	»
E	Id	Lettres sur l'Histoire de France	In-18	Calmann Lévy	3 50	»
P E e	Augustin Thierry	Récits Mérovingiens, 1 vol	Id.	Id.	3 50	»
P E e	Id	Dix ans d'Etudes Historiques	Id.	Id.	2 »	»
P E e	Id	Mémoires	In-18	Hachette	3 50	»
E	Turenne	L'Armée Française en 1879	Id.	Hetzel	3 50	»
E	Général Trochu	Poésies Paternelles	Id.	Didier	3 50	»
E e	A. Taillan	Lettres sur le siège de Paris	Id.	Calmann Lévy	10 »	»
E	Vtet	Siège de Paris	In-8	Plon	3 50	»
E	Viollet-le-Duc	Journal d'un volontaire d'un an	In-18	Hetzel	3 50	»
E	Valery Radot	Servitude et grand. militaire	Id.	Calmann Lévy	3 50	»
E	Alfred Vigny	Jeanne d'Arc	Id.	Hachette	» 50	»
E	Wallon	Récit du Grand-Père	Id.	Berger-Levrault		»
E e	Georges Vicaire	Alsace-Lorraine et Empire Germanique	Id.	Calmann Lévy	3 50	»
E	Anonyme	Lectures du Soldat	Id.	Delagrave	4 25	»
e	Id	Tué à Sedan. Lettre d'un sous-lieutenant	In-4	Sauton	2 50	»
E	Id					

PARIS. — IMPRIMERIE CHAIX, 20, RUE BERGÈRE. — 10898-2.

PARIS — IMPRIMERIE CRAIN, 20, RUE HÉNARD —

Contraste insuffisant

NF Z 43-120-14

www.ingramcontent.com/pod-product-compliance
Lightning Source LLC
Chambersburg PA
CBHW060809280326
41934CB00010B/2621